Cher maman

Je t'offre aujourd'hui ce livre pour que tu puisses écrire l'histoire de ta vie

Certaines questions sont très personnelles, tu as le choix d'y répondre ou non

Mais le plus important, c'est de répondre à ces questions avec ton cœur

Une fois que tu auras fini d'écrire, je lirais l'histoire de ta vie

Merci

© 2018, Rick beltromond
Édition : BoD – Books on Demand, info@bod.fr
Impression : BoD – Books on Demand,
In de Tarpen 42, Norderstedt (Allemagne)
Impression à la demande
ISBN : 978-2322-4563-4-5
Dépôt légal : Août 2022

Pour commencer, raconte-moi ton meilleur souvenir d'enfance...

Raconte-moi comment étaient tes grands-parents...

Où as-tu vécu les premières années de ta vie ?

Comment te décrivaient tes parents ?

Raconte-moi qui étaient tes sources d'inspiration à l'adolescence ?

Dis-moi comment s'appellent tes parents ?
Quelles sont leurs origines ?
Parle-moi d'eux...

Quels principes t'ont transmis tes parents et qui a guidé ta vie ?

Raconte-moi comment était la vie avec tes parents

Raconte-moi le meilleur souvenir que tu as vécu avec tes parents ...

Raconte-moi une journée mémorable avec tes frères et sœurs...

Qui étaient tes professeurs préférés et pourquoi ?

Parle-moi de ton parcours scolaire …
Raconte-moi une journée à l'école primaire …

Parle-moi de tes pires bêtises à l'école ...

Avais-tu de bons résultats à l'école ?

Raconte-moi une super journée de vacances quand tu étais petite.

Te souviens-tu de ton premier baiser ?

Parle-moi de tes amants …
Comment étaient-ils ?

Parle-moi du quartier où tu habitais...

As-tu eu des animaux durant ta vie ?

Quelles recettes familiales dois-je absolument connaître ?

Quelle chanson t'émeut depuis des années ?

Raconte-moi les voyages que tu as effectués...

Parle-moi de tes films préférés...

Parle-moi de tes sports préférés...
Es-tu une sportive ?

Parle-moi de tes amis ...
Donne-moi leurs noms, histoires...

Parle-moi de moments historiques de ta vie ?

As-tu connu des périodes de guerre ou d'occupation ?

As-tu été mêlé à des affaires judiciaires ?

Parle-moi des langues ou patois que tu parles...

Raconte-moi qui était ton premier petit ami...
Parle-moi de lui...

Parle-moi de la rencontre avec papa ...

Parle-moi de ton travail …
Aimes-tu ton travail ?

Parle-moi de ton mariage...
Raconte-moi la journée en détails...

Raconte-moi une anecdote sur papa...

Parle-moi du moment où vous avez décidé d'avoir des enfants...

Raconte-moi une anecdote sur moi étant petit. ...

Raconte-moi ton premier accouchement...

Parle-moi de tes premières vacances ...

Raconte-moi tes meilleurs souvenirs heureux ...

Parle-moi de ta religion...

La foi joue un rôle dans ta vie ?

Quelles ont été les circonstances de ton Baptême ?

Raconte-moi comment tu as traversé les périodes difficiles de ta vie ?

Parle-moi de l'épreuve la plus difficile de ta vie ...

Raconte-moi tes traditions préférées ...

Parle-moi de ton meilleur moment en famille ...

Parle-moi de tes talents...

Parle-moi de tes passe-temps préférés ...

Raconte-moi 5 événements intéressants que tu as vécus ...

Qu'as-tu découvert depuis dix ou vingt ans que tu aurais aimé découvrir plus tôt ?

À quoi aurais-tu aimé consacrer plus de temps ?

Quelles sont tes activités préférées maintenant ?

Qu'espères-tu pour tes enfants et petits-enfants ?

Parle-moi de ton plus grand succès de vie ...

Raconte-moi ton principal regret...

Quels sont les rêves que tu as réalisés et ceux qui ne le sont pas ?

Le monde a tellement changé depuis ta naissance.
Quels progrès t'a le plus étonné ?

Qui sont tes meilleurs amis aujourd'hui ?

Si tu pouvais changer une chose dans ta vie …
Que changerais-tu ?

Quelle chose as-tu toujours voulu me demander ?